De Mujer A Mujer

DE MUJER A MUJER: POEMAS

POR

Belén Washa

St. Cloud State University
Fierce Publishing House, LLC
Estero, Florida

Belen Washa

Copyright 2018 by Belen Washa

All rights reserved. Except as permitted under U.S. Copyright Act of 1976, no part of this publication may be reproduced, distributed, or transmitted in any form or by any means, or stored in a database or retrieval system, without prior written consent of the publisher.

First Paperback Edition: April 2018

This is a work of fiction. Names, characters, places and incidents are the products of the author's imagination or are used fictionally. Any resemblance to actual events or persons, living or dead, is entirely coincidental.

ISBN 13: 978-0-9993880-2-0

Printed in the United States of America

De Mujer A Mujer

Belen Washa

Introducción

Uno de los resultados de la conquista española sobre las tierras americanas fue la imposición no sólo de la religión, el idioma, la cultura, etc. sino también de un sistema patriarcal donde el hombre controla el poder económico, social, cultural y político. Dice Simone de Beauvoir en su libro <u>El segundo sexo: los hechos y los mitos</u> que:

"los hombres han tenido siempre todos los poderes concretos; desde el comienzo del patriarcado han juzgado útil mantener a la mujer en un estado de

Belen Washa

dependencia; sus códigos han sido establecidos contra ellas y de ese modo ha sido convertida en el Otro (181).

En otras palabras, le niegan el derecho a la mujer de plantearse en la historia como sujeto.
Por eso no es nada extraño que encontremos poemas donde la hablante lírica exprese su deseo de ser hombre. Ese es el caso de Juana de Ibarbourou en su poema "Mujer" y el de Julia de Burgos en su poema "Pantacromía" Ambas poetas manifiestan su inconformidad con los patrones sociales establecidos por el hombre, pero de forma diferente.

En el poema "Pantacromía" la voz poética quisiera experimentar las libertades de cada tipo social: como militar pelearía en España, como bandido sería el más bandolero, como obrero anarquista levantaría sus brazos "quitándole al mundo su parte de pan" y como Don Juan burlaría todos los conventos. Pero también le gustaría ser Don Quijote de la Mancha el que encarna los valores más sublimes de la humanidad.

*Hoy quiero ser hombre, sería un obrero
picando la caña, sudando el jornal;
a brazos arriba, con puños en alto,
quitándole al mundo mi parte de pan.*

De Mujer A Mujer

Hoy quiero ser hombre. Subir por las tapias,
burlar los conventos, ser todo un Don Juan;
raptar a Sor Juana y a Sor Josefina,
rendirlas, y a Julia de Burgos violar. (17-24)

Este deseo de ser hombre también manifiesta un afán de incorporarse al mundo y así negar la pasividad que se espera de la mujer. De esta forma el último verso del poema de Julia de Burgos podría interpretarse como una violación a la pasividad y a la religiosidad que Julia de Burgos representa como mujer de la época. Hay que recordar que aunque la voz poética se presenta libre y sin ataduras eso no significa que Julia de Burgos tuviera las mismas libertades.

Por otro lado, el poema de Juana de Ibarbourou es un lamento por el hecho de ser mujer. La sociedad la limita y no le permite ser un "tenaz vagabundo" ni "amigo de todos los largos caminos" y no puede dar riendas sueltas a sus
"ansias andariegas"

Cuando así me acosan ansias andariegas
¡Qué pena tan honda me da ser mujer! (9-10)

Mientras que la voz poética del poema "Mujer" se lamenta de las limitaciones y de la pasividad que le impone la sociedad, la voz lírica en "Pantacromía" manifiesta dichas limitaciones con rabia y violencia. Al "burlar los conventos desafía la imagen virginal que la iglesia le impone a la mujer y al ser "todo un Don Juan" expresa su deseo de tener las mismas libertades que tiene el hombre.

Hay que considerar que en la cultura hispana el hombre puede tener todas las aventuras que quiera mientras que de la mujer se espera virginidad.

El tema de la virginidad está muy bien presentado en el poema de Alfonsina Storni "Tú me quieres blanca" En dicho poema la voz poética desafía los convencionalismos sociales exigiéndole al amado que se purifique primero para que de esa forma pueda exigirle blancura y castidad. La voz lírica se presenta firme, autoritaria, en control de su vida y exigiendo igualdad.

> *Huye hacia los bosques,*
> *Vete a la montaña;*
> *Límpiate la boca;*
> *Vive en las cabañas;*
> *Toca con las manos*
> *la tierra mojada;*
> *Alimenta el cuerpo*
> *con raíz amarga;*
> *Bebe de las rocas;*

De Mujer A Mujer

> *Duerme sobre escarcha;*
> *Renueva tejidos*
> *con salitre y agua;*
> *Habla con los pájaros*
> *y lévate al alba.*
> *Y cuando las carnes*
> *te sean tornadas,*
> *y cuando hayas puesto*
> *en ellas el alma*
> *que por las alcobas*
> *se quedó enredada,*
> *Entonces, buen hombre*
> *preténdeme blanca,*
> *preténdeme nívea,*
> *preténdeme casta.* (36-59)

Nótese que la voz poética no sólo le exige al amado que sea puro, sino que también se entregue en cuerpo y alma. Este deseo de una relación integral de la pareja también se observa en la segunda parte (media noche) del poema de Julia de Burgos "Noche de amor en tres cantos"

> ¡Como siento que estoy en tu carne
> cual espiga a la sombra del astro!
> ¡Como siento que llego a tu alma
> y que allá tú me estás esperando! (17-20)

Belen Washa

Al exigir una relación integral en la pareja la voz poética se plantea en el mundo como sujeto y no como mero objeto reproductivo.

Ligado al tema del amor sexual entre la pareja se encuentra el tema del erotismo. Ya por el sólo hecho de escribir poesía erótica estas poetas se apartan de las normas sociales establecidas para la mujer. Dice José Emilio González que *"para el varón, el erotismo es la poesía del placer y la poesía de la exaltación del libido, mientras que para la mujer, es el paso decisivo hacia la absoluta libertad (La poesía...319).*

El erotismo en la mujer siempre estará condicionado a las estructuras y patrones sociales establecidos por la sociedad. En primer lugar, dice Beauvor que *"la mujer no tiene derecho a una actividad sexual fuera del matrimonio, como tampoco tiene el derecho a la dicha sexual dentro de éste. (El segundo sexo, 185)* Para el hombre el erotismo no significa liberación alguna, puesto que él ha gozado de todos los privilegios dentro de la sociedad patriarcal. Como mencioné anteriormente, él puede tener relaciones sexuales antes del matrimonio sin ser criticado por la sociedad, mientras que de la mujer se espera virginidad.

Añade José Emilio González que:

De Mujer A Mujer

El erotismo exalta la vida, como fuerza biológica universal y por lo mismo, la opone a la Muerte. Al celebrar la pasión como forma superior de Vida, el poeta erótico suele oponerse románticamente al mundo, al que acusa de vulgar; aburrido, convencional, etc. El erotismo asume entonces la figura de una protesta contra el orden social y hasta de una rebelión contra el mismo. (La poesía...312)

Sin embargo, esa protesta social de la que habla González adquiere dimensiones mayores cuando es la mujer la que escribe la poesía erótica, porque ella no se rebela románticamente al mundo, sino que cuestiona y protesta contra una realidad inmediata de Ser oprimido. Esta poesía erótica escrita por mujeres representa un grito de protesta contra los patrones sociales establecidos por el patriarcado.

Son pocas las poetas que le cantan a Eros con tanto fervor, tanta furia y tanta vehemencia como Delmira Agustini. Dice Alberto Zum Felde que:

El erotismo de Delmira es un constante evadirse de la realidad y del mundo, un ir desesperado tras la forma ideal de su Deseo, un transcender a un trasmundo y a una super realidad, en cuya noche recóndita se encienden, como los astros del abismo, las imágenes sobrehumanas de su ensueño. Su

*erotismo arde y se consume en sí mismo, zarza
ardiente en el desierto de un más allá de la carne y
de la vida.* (Poesías Completas, 10)

Y es que en la poesía de Agustini ese erotismo va
más allá de una simple relación entre la pareja. Su
erotismo transciende al Olimpo, su amante onírico
no pertenece a la raza humana, es un amante hecho
de fuego, un amante eterno,
"un dios nuevo" como ella misma lo describe en su
poema "Surtidor de oro"

*Vibre, mi musa, el surtidor de oro
la taza rosa de tu boca en besos;
de las espumas armoniosas surja
vivo, supremo, misterioso, eterno,
el amante ideal, el esculpido
 en prodigios de almas y de cuerpos;
debe ser vivo a fuerza de soñado,
que sangre y alma se me va en los
sueños; ha de nacer a deslumbrar la Vida,
¡y ha de ser un dios nuevo!* (1-10)

Este nuevo dios y la sobrehumana pasión de la voz
poética nutrirán la simiente de una nueva Estirpe,
una raza nueva o como lo llama Zum Felde un
superhombre.

De Mujer A Mujer

Este mundo onírico lleno de ensueños, fantasías y dioses contraste con la realidad inmediata de Delmira: Comenta Beauvoir que:

...el amor ideal, que es a menudo el que conoce la joven; no siempre la dispone para el amor sexual; sus adoraciones platónicas, sus obsesiones infantiles o juveniles, no están destinadas a sufrir la prueba de la vida cotidiana ni a perpetuarse largamente.
(El segundo sexo 200)

Contrario al erotismo sobrenatural de Delmira se advierte un erotismo más humano en otras poetas: En el poema "Tu Dulzura" de Alfonsina Storni la voz lírica se embriaga con dicha dulzura;

Es que anoche tus manos, en mis manos de fuego.
Dieron tanta dulzura a mi sangre, que luego,
Llenóseme la boca de mieles perfumadas.   (9-11)

Asimismo, la voz poética en "Armonía de la palabra y el instinto" de Julia de Burgos disfruta a plenitud su amor pagano lleno de sensualidad y entrega.

Belen Washa

> *Me di toda, y fundíme para siempre*
> *en la armonía sensual que tú me dabas;*
> *Y la rosa emotiva que se abría*
> *en el tallo verbal de mi palabra,*
> *Uno a uno fue dándote sus pétalos,*
> *mientras nuestros instintos se besaban.*
> *(27-32)*

Mientras tanto la voz lírica en el poema "La Desvelada" de Gabriela Mistral espera ansiosa la llegada de su amado;

> *Mi casa padece su cuerpo*
> *como llama que la retuesta.*
> *Siento el calor que da su cara*
> *__ladrillo ardiendo__ contra mi puerta.*
> *Pruebo una dicha que no sabía;*
> *sufro de viva, muero de alerta,*
> *¡y en este trance de agonía*
> *se van mis fuerzas con sus fuerzas!*
> *(37-44)*

Por otro lado, se advierte cierta dulzura y un disfrute sereno en el poema "La Sed" de Juana de Ibarbourou donde la naturaleza se funde con el amor de los amantes

De Mujer A Mujer

> *Tu beso fue en mis labios*
> *de un dulzor refrescante.*
> *Sensación de agua viva y moras negras*
> *me dio tu boca amante. (1-4)*

El disfrute del amor erótico por parte de la hablante lírica, sea éste onírico o real, contrasta con la pasividad sexual esperada de la mujer: Comenta Beauvoir que *"como la mujer está destinada a ser poseída, es preciso que su cuerpo ofrezca las cualidades inertes y pasivas de un objeto" (El segundo sexo 201)*

De esta manera los versos eróticos de estas poetas reafirman el derecho de la mujer no sólo al disfrute sexual fuera y dentro del matrimonio sino también su derecho a plantearse en el Mundo como Sujetos y no como meros objetos reproductivos presentando así una nueva visión de mundo para la mujer.

Esta nueva visión de mundo fue presentada por muchas poetas a finales del siglo XX y lo que va del siglo XXI. Sin embargo, hay mucho camino por recorrer.

Belen Washa

Todavía hay muchos países democráticos y sistemas totalitarios donde se siguen violando los derechos de la mujer, pero las nuevas leyes en pro de esos derechos, el arte y la literatura y en especial la poesía escrita por mujeres continuarán siendo un medio de protesta contra las injusticias cometidas en contra de ellas.

A continuación, queridos lectores les ofrezco, como muy bien dijera el Dr. Marcelino Canino, una poesía de pulcritud sentimental, de lirismo acendrado y honesto, sin falsas pretensiones. Escribo lo que siento y deseo con el arte de mi propia melodía interior, sin artificios de escuelas.

Poemas

Mujer

Hoy me siento otra mujer
aunque nada ha cambiado el paisaje,
hoy siento que la vida
me debe otro pasaje.

Camino hacia un mañana
repleto de armonía
de frente al horizonte
remando en mi bahía,
mi barca azul de espuma
cambia su melodía.

Atrás quedan los hombres
pudriéndose en la historia
llorando hierbas muertas
peleándose la aurora.

Los vientos ya no pueden
alterar mi remaje,
mi conciencia sólo sigue
el destino de mi nave.

Belen Washa

Amorosa Brega

El amor que tú me brindas
en las noches de nostalgias,
se transforma en el perfume
intangible de las dalias.

Con sutil entendimiento
la amorosa brega empieza
y la sangre en nuestras venas
el ansia de la entrega aumenta.

Con el éxtasis que alberga
cada fibra en nuestros cuerpos
se enredan tus dulces labios
atropellándome el seno.

Esa fuerza nos inunda
como pétalo y perfume
y el espasmo que sentimos
nos traslada y nos consume.

Abrazados nos quedamos
como el aura en la mañana
nuestras almas ya recogen
el rocío que da el alba.

De Mujer A Mujer

Amado mío

Este amor que estoy sintiendo
me trastoca los sentidos
y me arrastra con su viento
a caminos prohibidos.

Es ternura de caricias,
es quemada en la mañana.
Manantial que desafía
las corrientes de mi alma.

Busco en ti amado mío
lo sublime de tu Ser
en tu pecho acurrucada
sin mañana y sin ayer.

Tú me brindas el ensueño
con el néctar de tus besos.
Yo te busco en cada espacio
que recorro de tu cuerpo.

Y todo en la alcoba cambia
cuando mi amado en silencio,
me entrega su alma blanca,
y yo con ella me quedo.

Belen Washa

Niebla

Como lluvia mañanera
entre versos y murmullos
poco a poco entre tus brazos
me diluyo.

Gota a gota vas bebiendo
puro néctar mensajero
de sonidos y secretos
de inquietud y desespero.

Palmo a palmo y embriagadas
nuestras almas alzan vuelo
y entre niebla, luz y bruma
el clavel se vuelve espuma.

De Mujer A Mujer

Viento frío

Ayer mientras te besaba
tu piel se durmió en mi voz
y sólo por un instante
la noche se tornó sol.

Busqué en silencio el momento
para llegar a tu orilla
y en el intento encontré
una barca a la deriva.

Traté en vano de alcanzarla
y traerla hasta mi puerto
pero el viento frio y triste
me lo arrebató con celos.

Ayer mientras te besaba
tu piel se durmió en mi voz
no he podido despertarla
ya no siento su calor.

Belen Washa

Liras armoniosas

Me estarás esperando en la distancia
en los prados mojados de tristezas,
aspirando mi luz en tu conciencia
entre amarras de agua e inocencia.

Yo llegaré entregando soledades
a los vientos desnudos de nostalgias,
y el sueño será bruma, historia vana
el miedo brasa ardiente entre tus manos.

Yo buscaré el grito en la mañana
entre playas ardientes y arenosas,
tu me darás las albas silenciosas,
yo me alzaré en vuelo a tu morada.

Ambos seremos liras armoniosas
que rompen la cadencia del silencio,
lavándonos con lágrimas los ojos,
quebrándonos las almas ruborosas.

De Mujer A Mujer

Barca

Como agua detenida
en la roca más distante
me bañaste de caricias
sin pensar un solo instante.

Con el tiempo y persistencia
penetraste silencioso
y en los ríos de mi cuerpo
navegabas orgulloso.

De momento una corriente
para ti desconocida
naufragó tu débil barca
la cubrió de espuma herida.

Pobre barca detenida
en la roca más distante
sin corriente que la bañe
ni viento que la arrebate.

Belen Washa

Ámbar

Hoy quisiera beber de tus labios
dulces perlas de ámbar dorado,
y saciarme del néctar prohibido
que me brinda una noche en tus brazos.

Sin pensar en ayer ni en mañana
me desnudo en el mar de tus ojos,
caminando despacio me cubro
con la sábana blanca del alba

De regreso contemplo el momento
que me brinda tu cuerpo de grana,
con mi piel apegada a la tuya
como el aura se da en la mañana.

De Mujer A Mujer

Senderos

Cuando no estoy en tus brazos
te sueño caminando por
senderos inquietos, buscando
en la blanca mañana
razones prohibidas para amarme.

Veo como tu enorme cuerpo
se pierde entre yerbas ansiosas que
esperan un beso del río
herido por el tiempo.

Cuando estoy en tus brazos
me pierdo en los senderos de tu cuerpo.
me sumerjo en las aguas de tu río
y así mojada en ti,
me arropo con el néctar de tus besos.

Belen Washa

Nieve violada

Cual nieve violada
por rubios amores
llegué hasta tu puerta,
cubierta de flores.

Viviste el misterio
allí derramado,
bebiste mi llanto
de lirio olvidado.

Pasado el ocaso
volviste al sendero,
coronando estrellas,
deshojando sueños.

Cual nieve violada
por rubios amores
me bañé en tus aguas
me dormí callada.

Horas vacías

Cuando nada te quede
de tus horas vacías,
y sólo la tristeza
tengas por compañía,
acércate a mi orilla
cual triste peregrino
entrégame tus alas
como pájaro herido.

Yo llenaré de flores
los prados de tu alma,
borraré la nostalgia
de tu vida pasada.
y cuando ya tú sientas
el sol en tus entrañas,
apártate despacio
y vete en la mañana.

Belen Washa

Sueño

Te soñé tanto anoche
que aún siento todavía
el peso de tu cuerpo
íntimo y sin reproche.

Me di tanto anoche,
que tu senda herida
se quedó en mis alas
serena y tranquila.

¡Te sentí tanto anoche!

Ilusión

Esta noche quisiera sentirte
como siente la flor el rocío,
como siente la arena la espuma
derramada a la orilla del río.

Esta noche quisiera dormirme
abrazada a tu cuerpo de sueños,
recorrer los espacios secretos,
y buscar la ilusión en un beso.

Belen Washa

Estrellas

Cuando la bruma de otoño
coquetea con el viento,
tu voz se queda dormida
acurrucada en mi pecho.

Mi espíritu vela el sueño
y te arropa con estrellas
para cuando tú despiertes
te vayas con todas ellas.

De Mujer A Mujer

Sed

Quisiera en noches prohibidas
probar la sal de tu mar,
sin importar que mañana
mi voz se arrugue al cantar,

Que tu agua bañe mis surcos
que se riegue en la montaña,
que penetre mi piel blanca
que calme mi sed alada.

Quisiera en noches prohibidas
que tu savia se derrame,
que se escape hasta mi alma
y se quede entre mis mares.

Belen Washa

Papel

Lluvia blanca que me anuncia
que tú tan sólo eres bruma
en mi eterno amanecer.

Bruma breve y pasajera
que intentó dejar su huella
con amores de papel.

Aura opaca que ocultaba
aguas viejas y estancadas
que a mi cuerpo le negaban
movimiento y libertad.

De Mujer A Mujer

Espera

Siempre te me vas en la mañana
como rayo de luna fugitivo,
sin saber si mañana amanecido
te me pierdes en espacios derretidos.

Cada día es una espera silenciosa,
un ansia de sentirme entre tus brazos,
un deseo de correr por tus senderos
y perderme entre las ramas de tu cuerpo.

Belen Washa

Ternura

Noche de sueño vivo contigo
río de luna amanecido
cubre mi cuerpo de mariposa
donde tu aura tranquila posa.

Busca en tus sueños la esencia mía
con tu mirada cubre mi herida
deja que cante una melodía
y en sus espacios la luz resida.

Báñate en ella cual pura llama
en la tormenta como en la calma
quita despacio esta sed tan larga
con la ternura que te da el alba.

De Mujer A Mujer

Místico cordero

A sola en la noche hoy me encuentro
anclada en este puerto abandonado,
oyendo mudos labios descarnarse
sintiendo el fuego inútil derramado.

Lejos de ti, la bruma es cadena
que alberga los gemidos y las penas,
de aquellos que no sienten el quebranto
del llanto repartido en el espacio.

Libérame de místicos corderos
y déjame volar a tu comarca,
destrenza la pasión aprisionada,
derrámate callado hasta mi barca.

Belen Washa

Brizna

Te siento alejado
de mi piel temprana
y un gajo de fiebre
se anida en mi cama.
Me rompo en angustias
al palpar tu ausencia
que mi sangre yerta
mi amor no calienta.

Me quedé en la brizna
de tu yerba fresca
arrullando ansias
de heridas eternas.
El polvo y la lluvia
se van con el viento,
¡Que lejos te siento
mi amor, de mi pecho!

Éxtasis

Siénteme en tu pecho herido
cuando un lánguido celaje,
penetre tu piel dormida
y en la noche te acompañe.

Búscame en la sonrisa
de la espiga que se asoma,
coqueteando con la aurora
cuando cree que está sola.

Enséñame tu camino
entre hierbas de ternuras,
regálame los destellos
que se escapan de la luna.

Y así cerraré tu herida
como en éxtasis divino
bebiéndome el vino tinto,
recorriendo tus caminos.

Belen Washa

Búsqueda

Te busco en la noche
sedienta de ti,
me pierdo en las ansias
de sentirte en mí.

Mis manos dibujan
amor en tu piel,
mis labios se fugan
en busca de miel.

Camino el sendero
que lleva a tu cama
y al llegar encuentro
alas mutiladas.

Me acerco despacio
a tu esencia herida
compongo tus alas
con una sonrisa.

De Mujer A Mujer

Volando llegamos
hasta la otra orilla
donde tú me entregas
blancas margaritas.

Se acerca la aurora
y el rocío deja
pétalos de agua
y mirada serena.

Belen Washa

Tu ausencia

No sé qué causa
 en mi Ser tu ausencia,
que un rojo destello
 se cuelga a mi calma
y anhela tu presencia.

Es un hambre sutil
que me consume,
un ansia de sentir
que te me acercas.
Un deseo ferviente
que me quema.
Una lluvia de rosas
que se secan.

Entonces apareces
en mi puerta,
y toda tu presencia
me enajena.
Despierto en la mañana
soñolienta
y el jugo de tu cuerpo
me envenena.

De Mujer A Mujer

Y luego te me vas
en el silencio,
cual savia derretida
de tristeza.
Y siento como arrancas
de mi alma
el mágico cendal
que en ella reza.

Y así tendida
en la sombra quedo,
buscando en tu mirar
una respuesta
y siento que tu agua
bulliciosa
sacude de mi cuerpo
viejas penas.

Belen Washa

Pétalos

Como frágil margarita
y como capullo en flor
cual serenas claridades
a mi vida llegas hoy,

y recorres mis espacios
llenándolos con tu luz,
y la esencia que permea
la intensidad que das tú,
en pétalos de azucenas
y cual cendales de tul,
se derraman en mi orilla
con pasión de juventud.

De Mujer A Mujer

Si supieras….

Si supieras cuantas veces
me he bañado en tus arenas,
provocando que la sangre
se te escape de las venas.

Si supieras cuantas veces
me desnudo ante tus ojos,
y me pierdo en los espacios
de tu aura color oro.

¡Si supieras cuantas veces...!

Belen Washa

Silencio

Si el silencio me diste
en respuesta a mi amor
¿Cómo quieres que ahora
te dé pétalo en flor?

No soy hoja marchita
que implora agua y sol,
yo no busco en escombros
ni ruego una ilusión.

Quédate en tu silencio
bebiendo soledades
yo seguiré el camino.
que mi Ser me señale.

De Mujer A Mujer

Belen Washa

De Mujer A Mujer

La doctora Belén Washa nació en Dorado, Puerto Rico. Cursó sus estudios universitarios en la Universidad de Puerto Rico y su doctorado en *Florida State University* en *Tallahassee Florida.*

Mas tarde enseñó Literatura Hispanoamericana por 17 años en St. Cloud State University. Durante su carrera como profesora presentó numerosas conferencias internacionales y publicó varios libros de diferentes temas.

Belen Washa

www.ingramcontent.com/pod-product-compliance
Lightning Source LLC
Chambersburg PA
CBHW031506040426
42444CB00007B/1222